Impressum
Verlag: BABADADA GmbH, Nedderfeld 112 , 22529 Hamburg
Geschäftsführer / Verlagsleitung: Harald Hof
Druck: Books on Demand GmbH, In de Tarpen 42, 22848 Norderstedt

Imprint
Publisher: BABADADA GmbH, Nedderfeld 112 , 22529 Hamburg, Germany
Managing Director / Publishing direction: Harald Hof
Print: Books on Demand GmbH, In de Tarpen 42, 22848 Norderstedt, Germany

школа

学校

делить
除

186/2

доска
黑板

классная комната
教室

школьный двор
校园

учитель
老师

писать
书写

бумага
纸

ручка
钢笔

письменный стол
办公桌

линейка
直尺

книга
书

ученик
学生

ранец

书包

пенал

铅笔盒

карандаш

铅笔

точилка

卷笔刀

ластик

橡皮擦

альбом для рисования

画板

рисунок

图画

кисточка

画笔

коробка красок

颜料盒

ножницы

剪刀

клей

胶水

тетрадь

练习册

домашняя работа

家庭作业

цифра

数字

прибавлять

加

вычитать

减

умножать

乘

считать

计算

буква

字母

алфавит

字母表

слово

字

текст

课文

читать

读

мел

粉笔

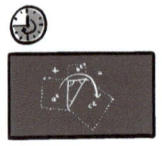

урок

上课

классный журнал

登记

экзамен

考试

диплом

证书

школьная форма

校服

образование

教育

энциклопедия

百科全书

университет

大学

микроскоп

显微镜

карта

地图

корзина для бумаг

废纸篓

путешествие
旅行

гостиница
酒店
Grand
турбаза
青年旅社
ROOMS
CHANGE
пункт обмена валюты
外币兑换处
чемодан
手提箱
автомобиль
汽车

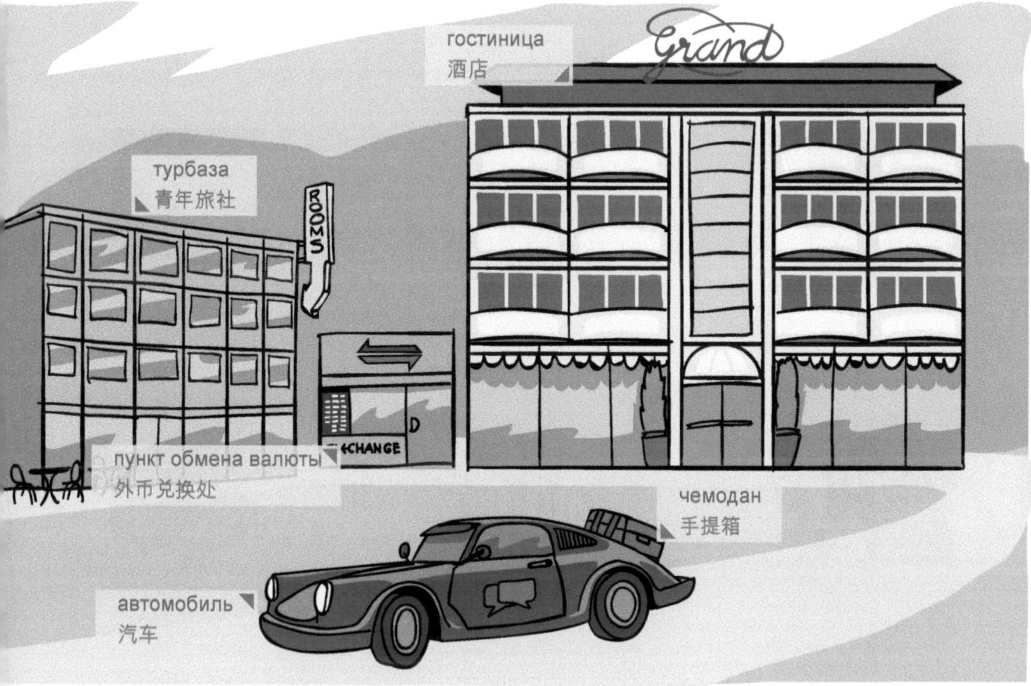

язык
语言

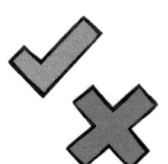

да / нет
是/否

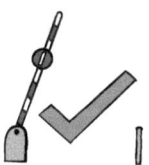

хорошо
好的

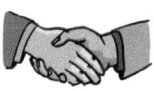

Привет
您好

переводчик
翻译员

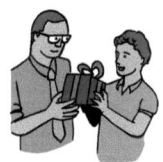

Спасибо
谢谢

Сколько стоит...?

......多少钱？

Я не понимаю

我不明白

проблема

问题

Добрый вечер!

晚上好！

Доброе утро!

早上好！

Доброй ночи!

晚安！

До свидания

再见

направление

方向

багаж

行李

сумка

包

рюкзак

双肩包

гость

客人

комната

房间

спальный мешок

睡袋

палатка

帐篷

путешествие - 旅行

туристическая
информация
旅游信息

пляж
海滩

кредитная карточка
信用卡

завтрак
早餐

обед
午餐

ужин
晚餐

билет
票

лифт
电梯

почтовая марка
邮票

граница
边界

таможня
海关

посольство
大使馆

виза
签证

паспорт
护照

транспорт
交通运输

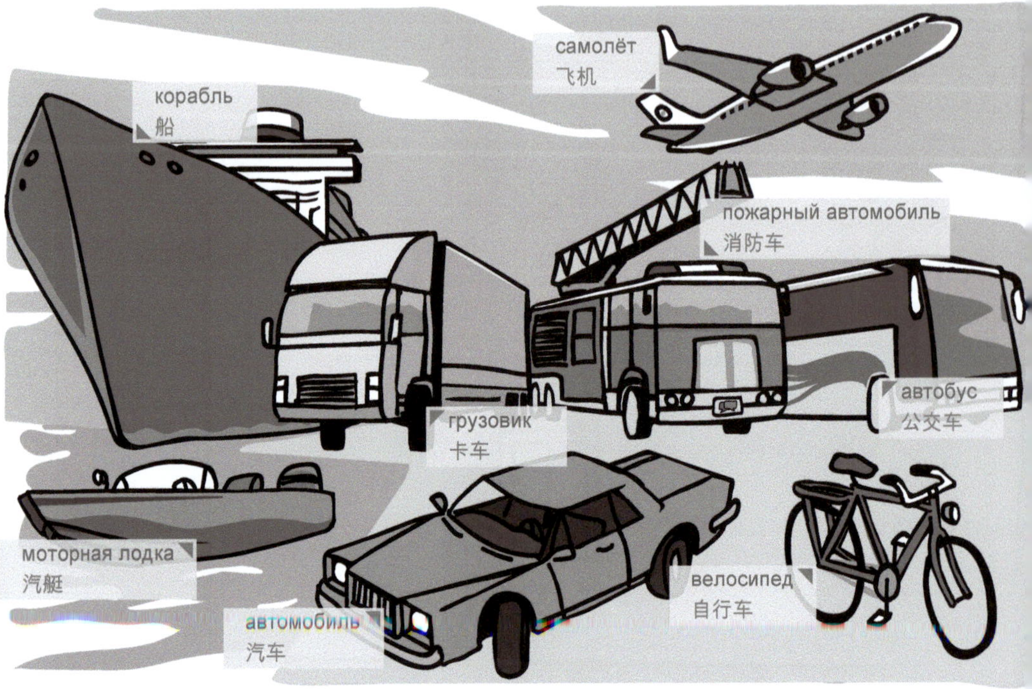
самолёт
飞机
корабль
船
пожарный автомобиль
消防车
грузовик
卡车
автобус
公交车
моторная лодка
汽艇
велосипед
自行车
автомобиль
汽车

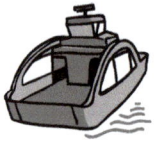

паром

摆渡船

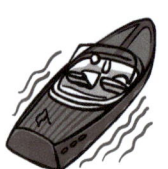

лодка

小船

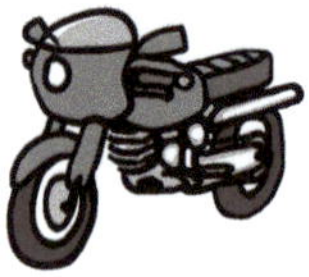

мотоцикл

摩托车

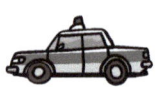

полицейский автомобиль

警车

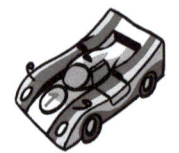

гоночный автомобиль

赛车

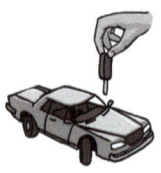

арендованный автомобиль

租车

совместное пользование
автомобилями

拼车

буксировочный
автомобиль

拖车

мусоровоз

垃圾车

двигатель

发动机

топливо

汽油

заправка

加油站

дорожный знак

交通标志

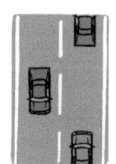

движение

交通

пробка

交通堵塞

автостоянка

停车场

вокзал

火车站

рельсы

轨道

поезд

火车

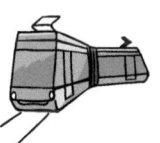

трамвай

电车

вагон

货车

вертолёт

直升机

аэропорт

机场

вышка

塔

пассажир

乘客

контейнер

集装箱

коробка

纸板箱

тележка

手推车

корзина

篮子

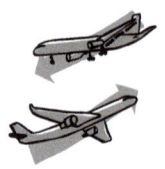

взлетать / приземляться

起飞/降落

город

城市

деревня

村庄

центр города

市中心

дом

房子

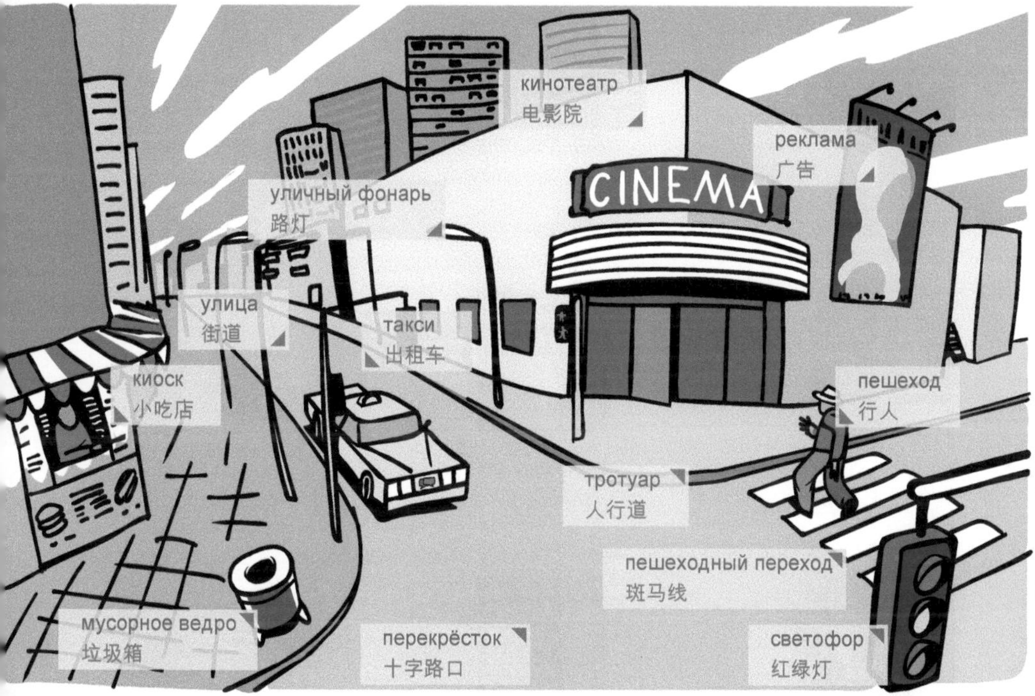

кинотеатр
电影院
CINEMA
реклама
广告
уличный фонарь
路灯
улица
街道
такси
出租车
киоск
小吃店
пешеход
行人
тротуар
人行道
пешеходный переход
斑马线
мусорное ведро
垃圾箱
перекрёсток
十字路口
светофор
红绿灯

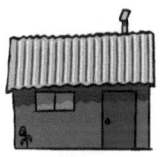

хижина

小屋

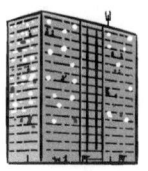

квартира

公寓

вокзал

火车站

ратуша

市政厅

MUSEUM

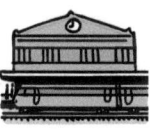

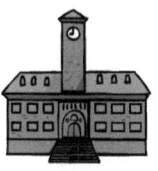

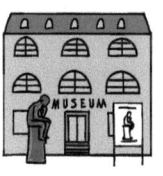

музей

博物馆

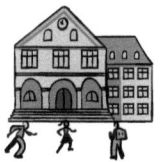

школа

学校

университет

大学

банк

银行

больница

医院

гостиница

酒店

аптека

药房

офис

办公室

книжный магазин

书店

магазин

商店

цветочный магазин

花店

супермаркет

超市

рынок

市场

универмаг

百货商店

торговец рыбой

鱼店

торговый центр

购物中心

порт

海港

парк

公园

скамейка

长凳

мост

桥

лестница

楼梯

метро

地铁

тоннель

隧道

автобусная остановка

公交车站

бар

酒吧

ресторан

餐馆

почтовый ящик

邮筒

табличка с названием улицы

路标

паркометр

停车计时器

зоопарк

动物园

бассейн

游泳馆

мечеть

清真寺

ферма

农场

загрязнение окружающей среды

污染

кладбище

墓地

церковь

教堂

детская площадка

操场

храм

寺庙

ландшафт

地形

лист
树叶

дорожный указатель
指示牌

дорога
路

луг
草地

камень
石头

дерево
树

путешественник
徒步旅行者

река
河

трава
草

цветок
花

долина

峡谷

гора

山

озеро

湖

лес

森林

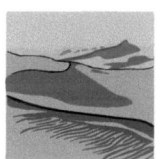

пустыня

沙漠

вулкан

火山

замок

城堡

радуга

彩虹

гриб

蘑菇

пальма

棕榈树

комар

蚊子

муха

苍蝇

муравей

蚂蚁

пчела

蜜蜂

паук

蜘蛛

жук

甲虫

лягушка

青蛙

белка

松鼠

еж

刺猬

заяц

野兔

сова

猫头鹰

птица

鸟

лебедь

天鹅

кабан

野猪

олень

鹿

лось

麋鹿

плотина

水坝

ветряной генератор

风力发电机

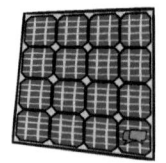

солнечная батарея

太阳能电池板

климат

气候

официант
服务员

меню
菜单

стул
椅子

пицца
披萨饼

суп
汤

столовые приборы
餐具

скатерть
桌布

закуска

前菜

главное блюдо

主菜

десерт

甜点

напитки

饮料

еда

食物

бутылка

瓶子

фастфуд

快餐

уличная еда

街边小吃

чайник

茶壶

сахарница

糖盒

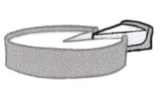

порция

一份饭菜

кофеварка

意式咖啡机

детский стульчик

高脚椅

счет

账单

поднос

托盘

нож

刀

вилка

餐叉

ложка

勺子

чайная ложка

茶匙

салфетка

餐巾

стакан

玻璃杯

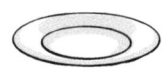

тарелка

碟子

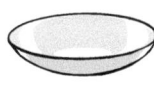

суповая тарелка

汤盘

блюдце

碟子

соус

酱

солонка

盐瓶

мельница для перца

胡椒磨

уксус

醋

масло

食用油

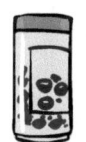

специи

调味料

кетчуп

番茄酱

горчица

芥末

майонез

蛋黄酱

супермаркет

超市

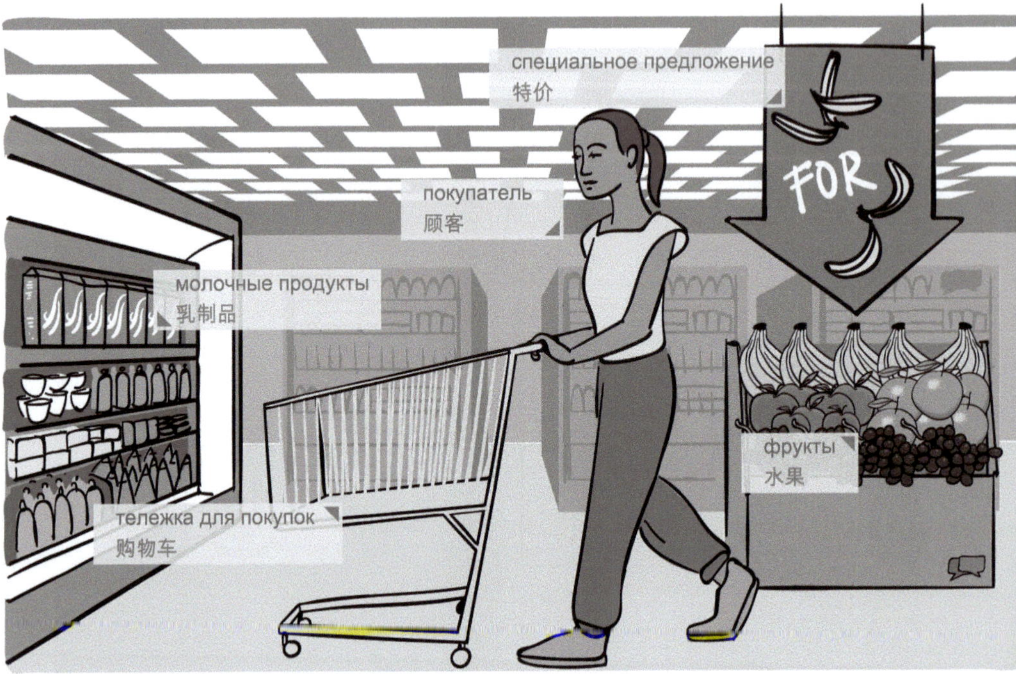
специальное предложение
特价
FOR
покупатель
顾客
молочные продукты
乳制品
фрукты
水果
тележка для покупок
购物车

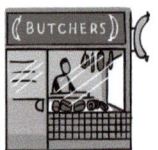

BUTCHERS

мясной магазин

肉铺

BAKERY

пекарня

面包房

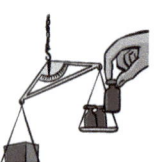

взвешивать

称重

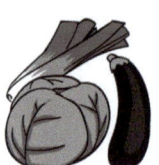

овощи

蔬菜

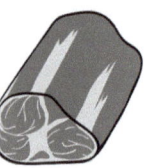

мясо

肉

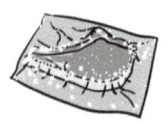

быстрозамороженные продукты

冷冻食品

нарезка

冷盘

консервы

罐头食品

стиральный порошок

洗衣粉

сладости

甜食

предмет домашнего обихода

日用品

моющее средство

清洁用品

продавщица

销售员

касса

收银机

кассир

收银员

список покупок

购物清单

время работы

开放时间

бумажник

钱包

кредитная карточка

信用卡

сумка

袋子

полиэтиленовый пакет

塑料袋

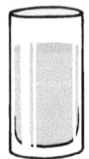

вода

水

сок

果汁

молоко

牛奶

кока-кола

可乐

вино

红酒

пиво

啤酒

алкоголь

酒

какао

可可

чай

茶

кофе

咖啡

эспрессо

意式浓缩咖啡

капучино

卡布奇诺

банан

香蕉

яблоко

苹果

апельсин

橙子

арбуз

西瓜

лимон

柠檬

морковь

胡萝卜

чеснок

大蒜

бамбук

竹子

лук

洋葱

гриб

蘑菇

орехи

坚果

лапша

面条

спагетти

意大利面条

рис

米饭

салат

沙拉

картофель фри

薯条

жареный картофель

炸土豆

пицца

披萨饼

гамбургер

汉堡包

сэндвич

三明治

шницель

炸猪排

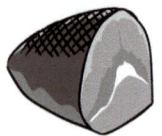

ветчина

火腿

салями

萨拉米

колбаса

香肠

курица

鸡肉

жаркое

烤肉

рыба

鱼

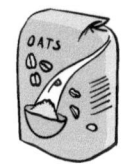

овсяные хлопья

燕麦片

мюсли

穆兹利

кукурузные хлопья

玉米片

мука

面粉

круассан

羊角面包

булочка

面包卷

хлеб

面包

тост

烤面包

печенье

饼干

масло

黄油

творог

凝乳

пирог

蛋糕

яйцо

蛋

яичница

煎蛋

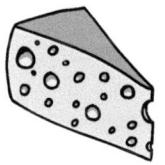

сыр

奶酪

мороженое

冰激凌

сахар

糖

мёд

蜂蜜

мармелад

果酱

крем с нугой

巧克力酱

карри

咖喱饭

ферма

农场

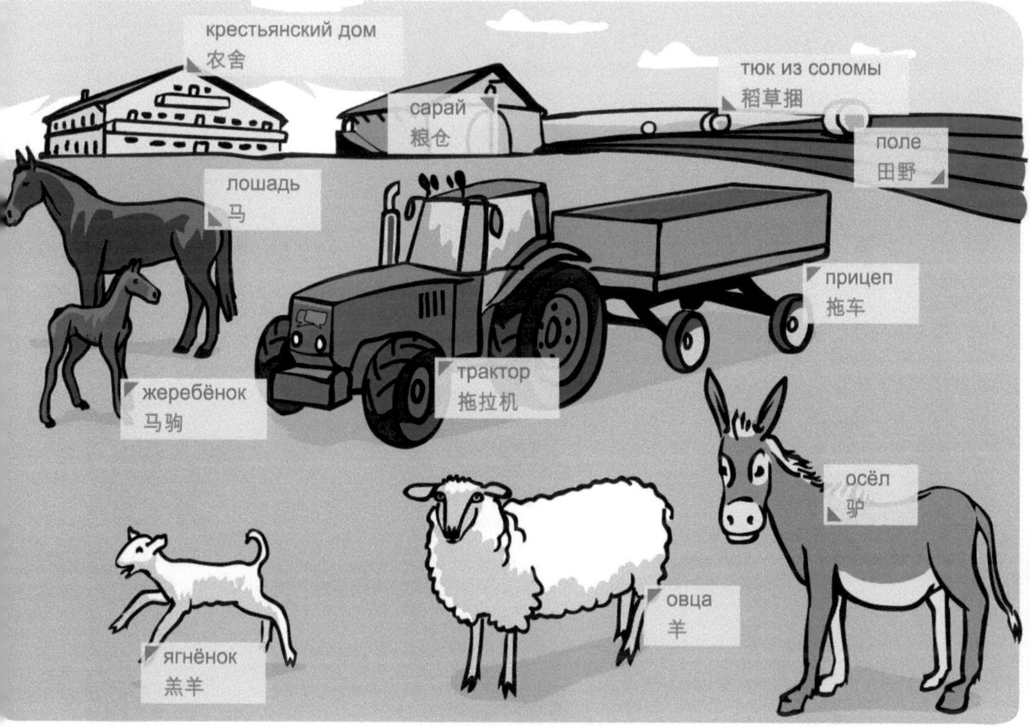

крестьянский дом
农舍
сарай
粮仓
тюк из соломы
稻草捆
поле
田野
лошадь
马
прицеп
拖车
трактор
拖拉机
жеребёнок
马驹
осёл
驴
овца
羊
ягнёнок
羔羊

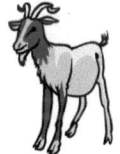

коза

山羊

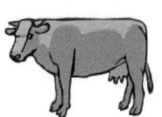

корова

奶牛

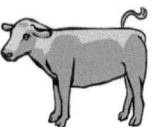

телёнок

牛犊

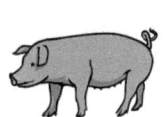

свинья

猪

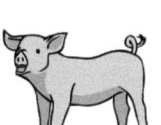

поросёнок

小猪

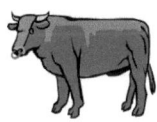

бык

公牛

гусь

鹅

утка

鸭

цыплёнок

小鸡

курица

母鸡

петух

公鸡

крыса

鼠

кошка

猫

мышь

老鼠

вол

牛

собака

狗

конура

狗屋

садовый шланг

花园浇水软管

лейка

洒水壶

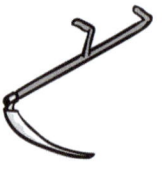

коса

长柄大镰刀

плуг

犁

ферма - 农场

серп

镰刀

мотыга

锄头

навозные вилы

长柄草耙

топор

斧头

тачка

独轮手推车

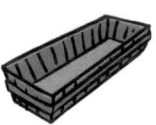

корыто

饲料槽

бидон для молока

牛奶罐

мешок

麻布袋

забор

栅栏

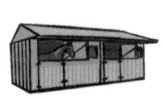

хлев

马厩

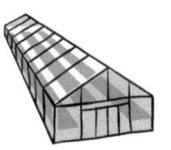

теплица

温室

почва

土壤

посев

种子

удобрение

肥料

комбайн

联合收割机

собирать урожай

收割

урожай

收割

ямс

山药

пшеница

小麦

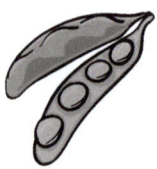

соя

大豆

картофель

土豆

кукуруза

玉米

рапс

油菜籽

фруктовое дерево

果树

маниок

树薯

злаки

谷物

дом
房子

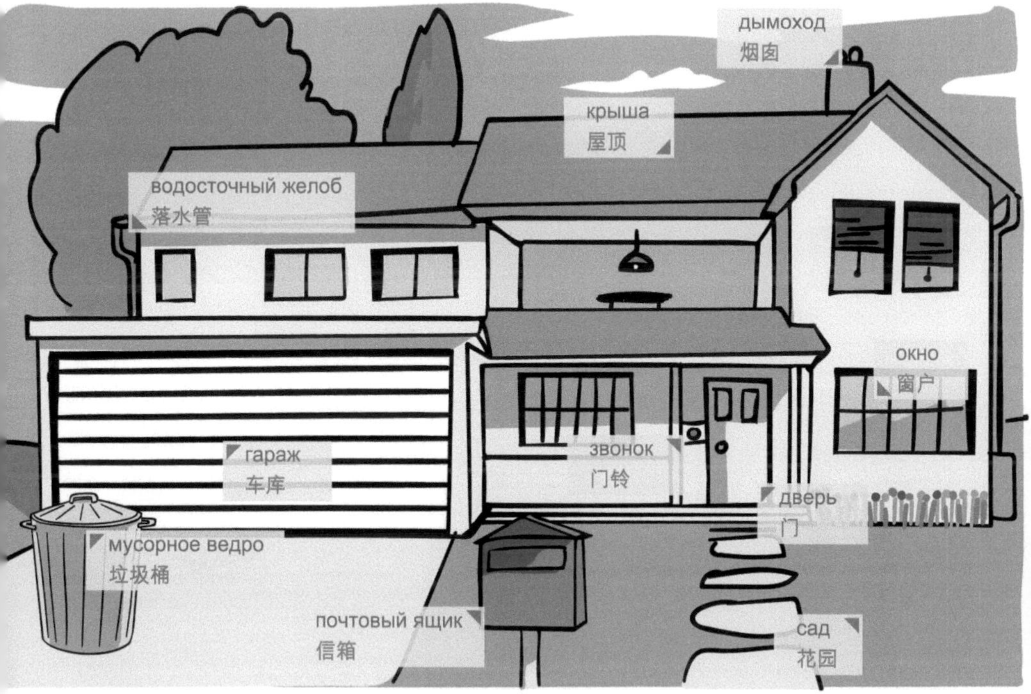
дымоход
烟囱
крыша
屋顶
водосточный желоб
落水管
окно
窗户
гараж
车库
звонок
门铃
дверь
门
мусорное ведро
垃圾桶
почтовый ящик
信箱
сад
花园

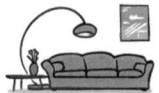

гостиная

客厅

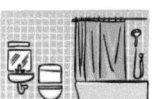

ванная комната

浴室

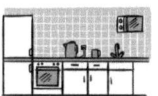

кухня

厨房

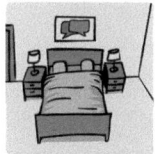

спальня

卧室

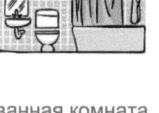

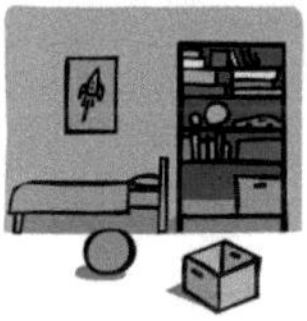

детская комната

儿童房

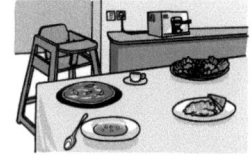

столовая

餐厅

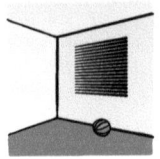

пол

地板

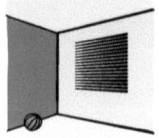

стена

墙壁

потолок

吊顶

подвал

地窖

сауна

桑拿

балкон

阳台

терраса

露台

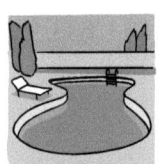

бассейн

游泳池

газонокосилка

割草机

пододеяльник

被单

покрывало

床罩

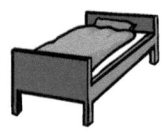

кровать

床

метла

扫帚

ведро

水桶

выключатель

开关

гостиная

客厅

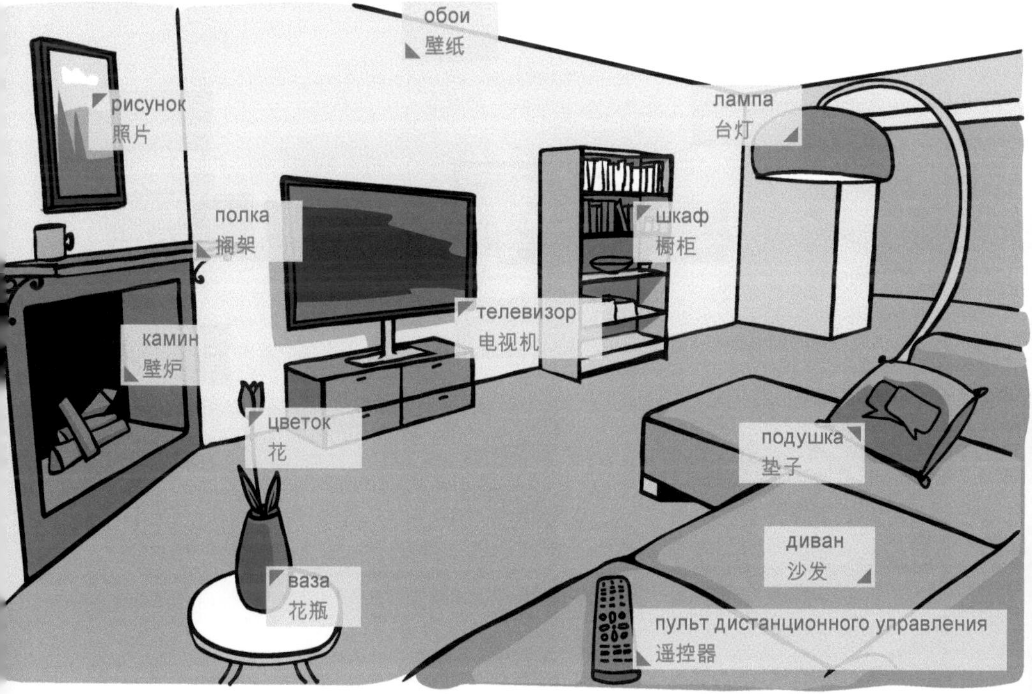

обои
壁纸
рисунок
照片
лампа
台灯
полка
搁架
шкаф
橱柜
телевизор
电视机
камин
壁炉
цветок
花
подушка
垫子
диван
沙发
ваза
花瓶
пульт дистанционного управления
遥控器

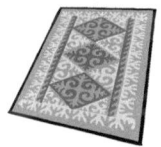

ковёр

地毯

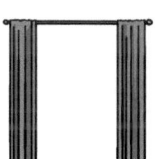

штора

窗帘

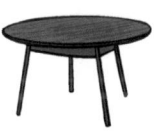

стол

餐桌

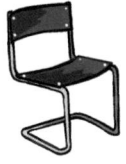

стул

椅子

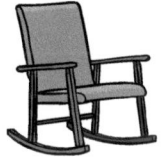

кресло-качалка

摇椅

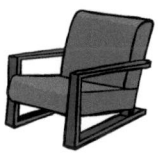

кресло

扶手椅

книга

书

покрывало

毯子

украшение

装饰品

дрова

木柴

фильм

电影

стереосистема

高保真音响

ключ

钥匙

газета

报纸

картина

油画

плакат

海报

радио

收音机

блокнот

笔记本

пылесос

吸尘器

кактус

仙人掌

свеча

蜡烛

кухня
厨房

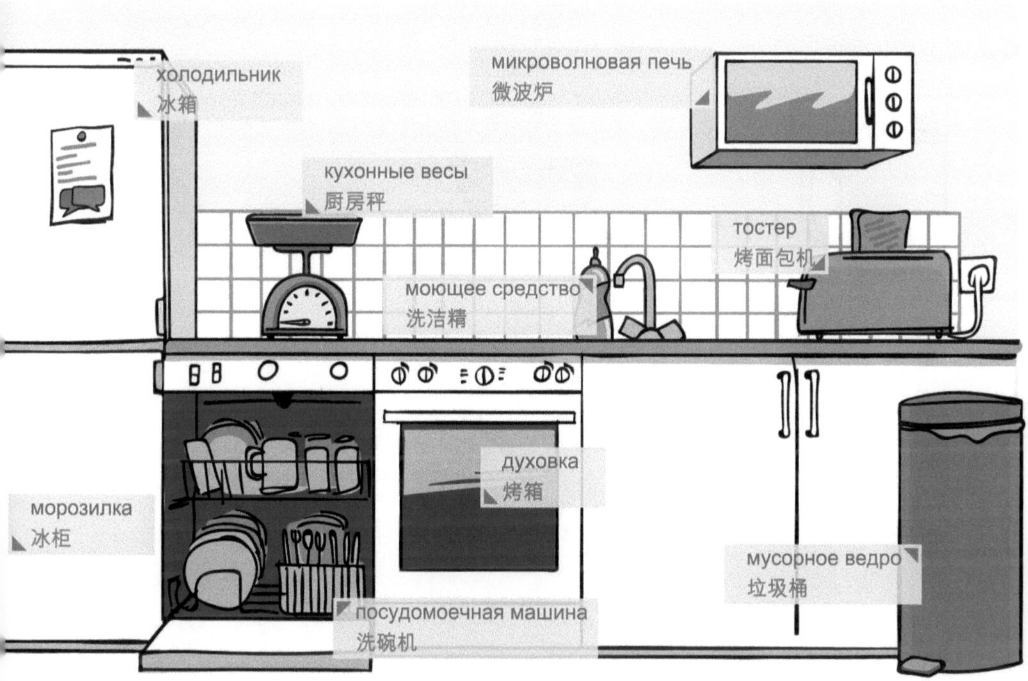
холодильник
冰箱
микроволновая печь
微波炉
кухонные весы
厨房秤
тостер
烤面包机
моющее средство
洗洁精
духовка
烤箱
морозилка
冰柜
мусорное ведро
垃圾桶
посудомоечная машина
洗碗机

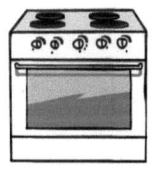

плита

炊具

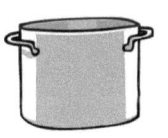

кастрюля

锅

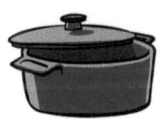

чугунный котелок

铸铁锅

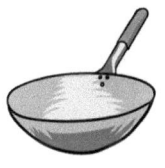

вок / кадай

炒锅

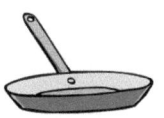

сковорода

平底锅

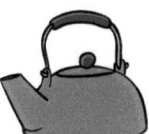

чайник

水壶

пароварка

蒸锅

противень

烤盘

посуда

陶瓷锅

кружка

马克杯

миска

碗

палочки для еды

筷子

половник

长柄勺

лопатка

铲子

сбивалка

拌拌器

сито

滤网

сито

筛子

тёрка

磨碎机

ступка

研钵

гриль

烧烤

костёр

明火

доска

菜板

скалка

擀面杖

штопор

开瓶器

жестяная банка

罐子

консервный нож

开罐器

прихватка

隔热手套

раковина

水槽

щетка

刷子

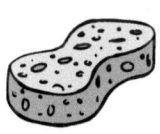

губка

海绵

миксер

搅拌机

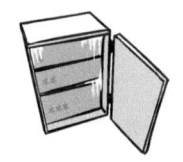

морозильная камера

冷藏箱

бутылочка для кормления

奶瓶

кран

水龙头

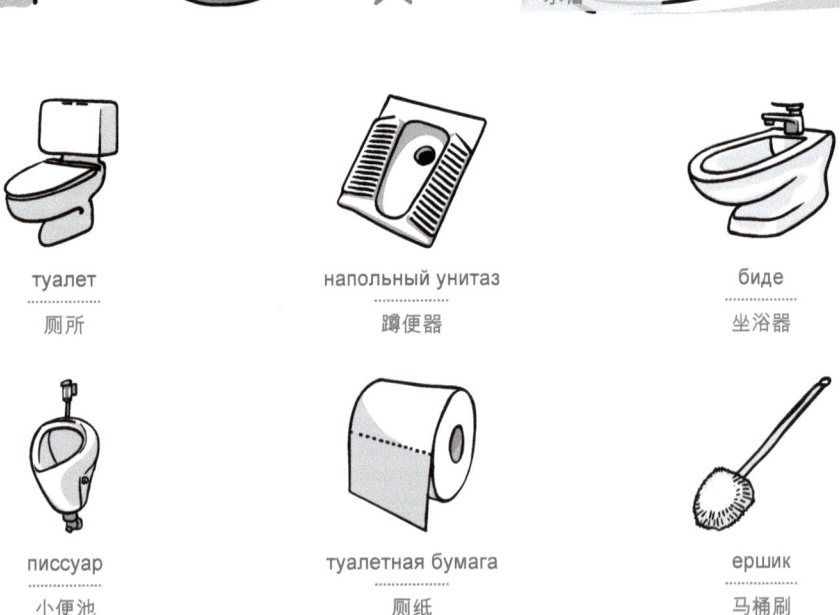

ванная комната

浴室

душ
淋浴
отопление
供暖设备
полотенце
毛巾
душевая занавеска
浴帘
пенистая ванна
泡沫浴
ванна
浴缸
стакан
玻璃杯
стиральная машина
洗衣机
кран
水龙头
плитка
瓷砖
горшок
便壶
раковина
水槽

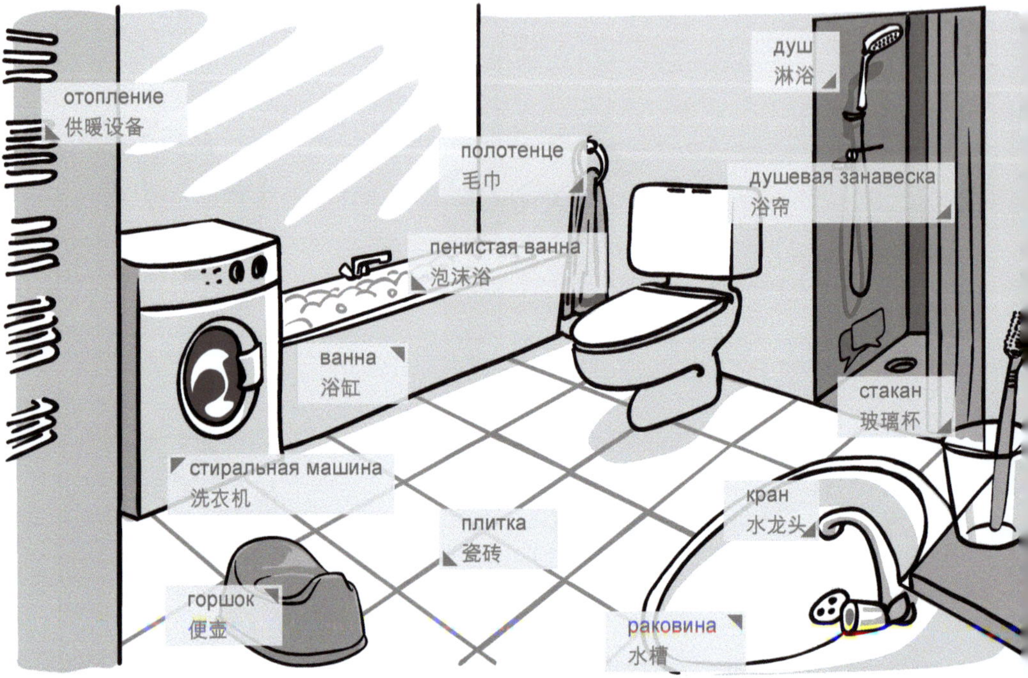

туалет

厕所

напольный унитаз

蹲便器

биде

坐浴器

писсуар

小便池

туалетная бумага

厕纸

ершик

马桶刷

зубная щетка

牙刷

зубная паста

牙膏

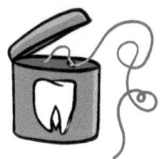

зубная нить

牙线

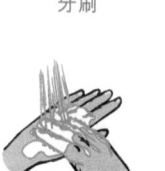

мыть

洗

ручной душ

手持式喷淋头

интимный душ

冲洗器

таз

洗脸盆

щетка для спины

擦背刷

мыло

肥皂

гель для душа

沐浴露

шампунь

洗发水

мочалка

法兰绒

сток

排水

крем

乳霜

дезодорант

除臭剂

зеркало

镜子

ручное зеркало

手镜

бритва

剃须刀

пена для бритья

剃须泡沫

лосьон после бритья

须后水

расческа

梳子

щетка

刷子

фен

吹风机

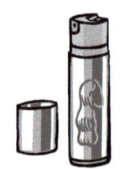

лак для волос

喷发定型剂

косметика

化妆品

губная помада

唇膏

лак для ногтей

指甲油

вата

化妆棉

маникюрные ножницы

指甲剪

духи

香水

косметичка

洗漱包

табуретка

凳子

весы

计重秤

халат

浴袍

резиновые перчатки

橡胶手套

тампон

卫生棉条

гигиеническая прокладка

卫生巾

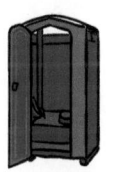

биотуалет

化学厕所

детская комната

儿童房

будильник
闹钟
мягкая игрушка
毛绒玩具
игрушечный автомобиль
玩具车
погремушка
拨浪鼓
кукольный домик
玩具屋
подарок
礼物

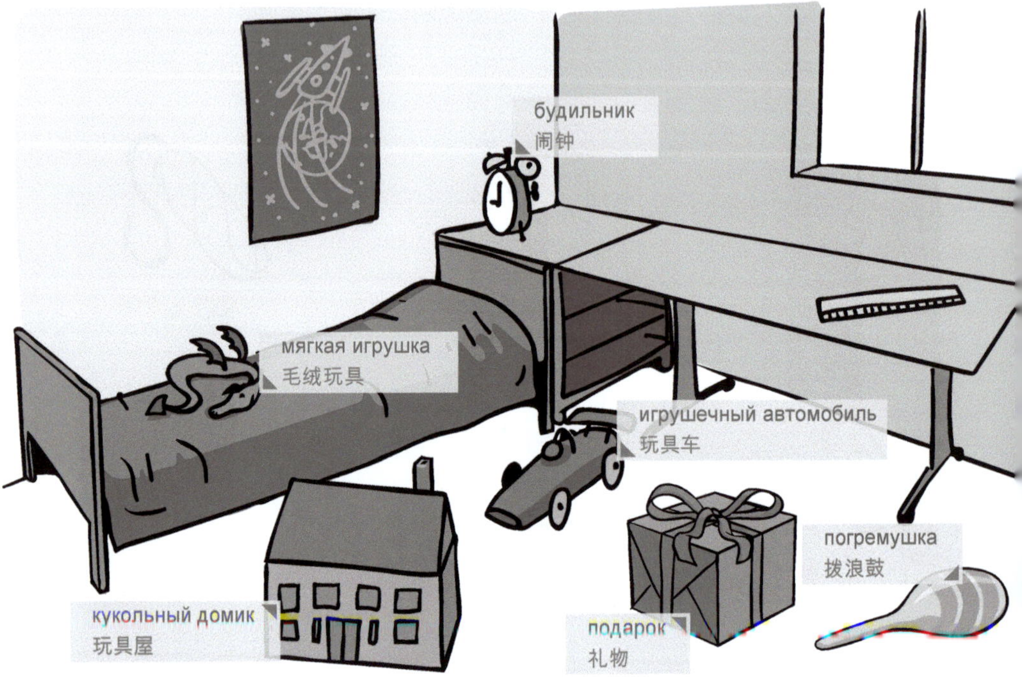

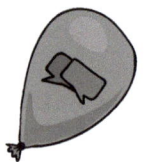

воздушный шар

气球

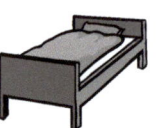

кровать

床

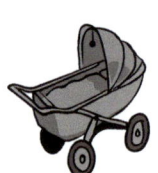

детская коляска

（洋娃娃用）婴儿车

карточная игра

扑克牌

пазл

拼图

SUPER
MEGA

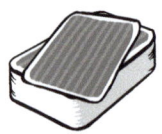

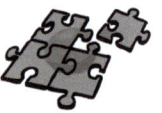

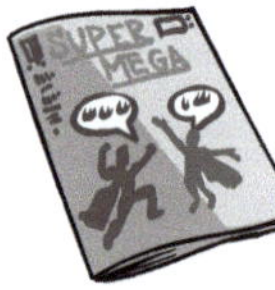

комикс

漫画

кирпичики Лего

乐高积木

кубики

积木玩具

игрушечная фигурка

玩具人

ползунки

婴儿服

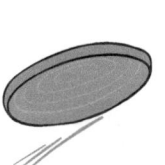

фрисби

飞盘

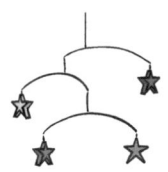

мобиле

床铃玩具

настольная игра

棋盘游戏

кубик

骰子

модель железной дороги

火车模型

соска

安抚奶嘴

вечеринка

聚会

книга с картинками

绘本

мяч

球

кукла

洋娃娃

играть

玩

песочница

沙坑

качели

秋千

игрушка

玩具

игровая приставка

游戏机

трёхколесный велосипед

三轮车

плюшевый медвежонок

泰迪熊

шкаф для одежды

衣柜

одежда

衣服

носки

袜子

чулки

长袜

колготки

紧身裤

шарф
围巾

зонтик
雨伞

футболка
T恤

ремень
皮带

сапоги
靴子

тапки
拖鞋

кроссовки
运动鞋

сандалии

凉鞋

ботинки

鞋

резиновые сапоги

雨靴

трусы

内裤

бюстгальтер

胸罩

майка

背心

одежда - 衣服

боди

身体

брюки

裤子

джинсы

牛仔裤

юбка

短裙

блузка

女式衬衫

рубашка

衬衫

свитер

套头衫

свитер

卫衣

спортивная куртка

西装夹克

жакет

夹克

пальто

外套

плащ

雨衣

костюм

套装

платье

连衣裙

свадебное платье

婚纱

мужской костюм

西装

ночная сорочка

睡袍

пижама

睡衣

сари

莎丽

платок

头巾

тюрбан

包头巾

паранджа

波卡

кафтан

卡夫坦

абайя

(阿拉伯式)长袍

купальник

泳衣

плавки

男式泳裤

шорты

短裤

спортивный костюм

运动服

фартук

围裙

перчатки

手套

пуговица

纽扣

очки

眼镜

браслет

手链

цепочка

项链

кольцо

戒指

серьга

耳环

шапка

便帽

вешалка

衣架

шляпа

帽子

галстук

领带

застежка молния

拉链

шлем

头盔

подтяжки

背带

школьная форма

校服

форма

制服

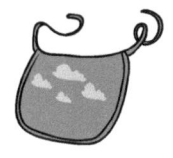

детский нагрудник

围兜

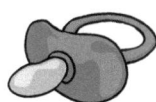

соска

安抚奶嘴

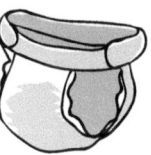

подгузник

尿不湿

офис
办公室

сервер
服务器
канцелярский шкаф
文件柜
принтер
打印机
бумага
纸
монитор
显示屏
письменный стол
办公桌
мышь
鼠标
папка
文件夹
клавиатура
键盘
корзина для бумаг
废纸篓
стул
椅子
компьютер
电脑

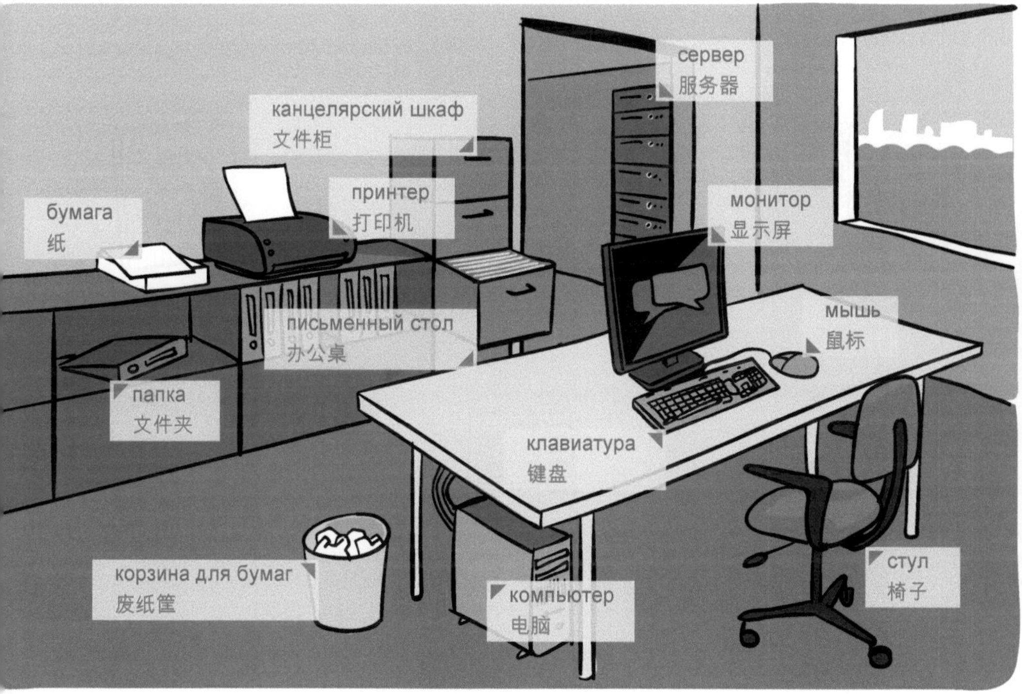

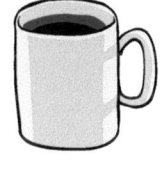

кофейная кружка

咖啡杯

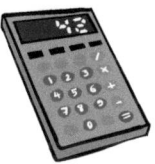

калькулятор

计算器

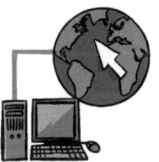

интернет

因特网

ноутбук

笔记本电脑

письмо

信件

сообщение

消息

мобильный телефон

手机

сеть

网络

ксерокс

复印机

программа

软件

телефон

电话

розетка

插座

факс

传真机

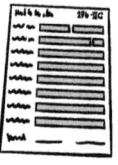

формуляр

表格

документ

文件

покупать
....
买

платить
....
付钱

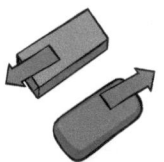

торговать
....
交易

деньги
....
现金

доллар
....
美元

евро
....
欧元

иена
....
日元

рубль
....
卢布

франк
....
瑞士法郎

жэньминьби юань
....
人民币

рупия
....
卢比

банкомат
....
提款处

пункт обмена валюты

外币兑换处

золото

金

серебро

银

нефть

石油

энергия

能源

цена

价格

договор

合同

налог

税金

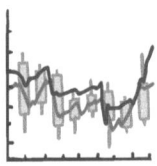

акция

股票

работать

工作

служащий

职员

работодатель

老板

фабрика

工厂

магазин

商店

милиционер
警官

пилот
飞行员

пожарный
消防员

повар
厨师

врач
医生

садовник

园丁

столяр

木匠

швея

裁缝

судья

法官

химик

化学家

актёр

演员

водитель автобуса

公交车司机

таксист

出租车司机

рыбак

渔夫

уборщица

清洁女工

кровельщик

屋顶工

официант

服务员

охотник

猎人

художник

画家

пекарь

面包师

электрик

电工

строитель

建筑工人

инженер

工程师

мясник

屠夫

сантехник

水管工

почтальон

邮递员

солдат

士兵

архитектор

建筑师

кассир

收银员

флорист

花农

парикмахер

理发师

кондуктор

售票员

механик

机械师

капитан

船长

зубной врач

牙医

ученый

科学家

раввин

拉比

имам

伊玛目

монах

和尚

священник

牧师

инструменты

工具

молоток
铁锤
плоскогубцы
钳子
отвёртка
螺丝刀
гаечный ключ
扳手
карманный фо
手电筒

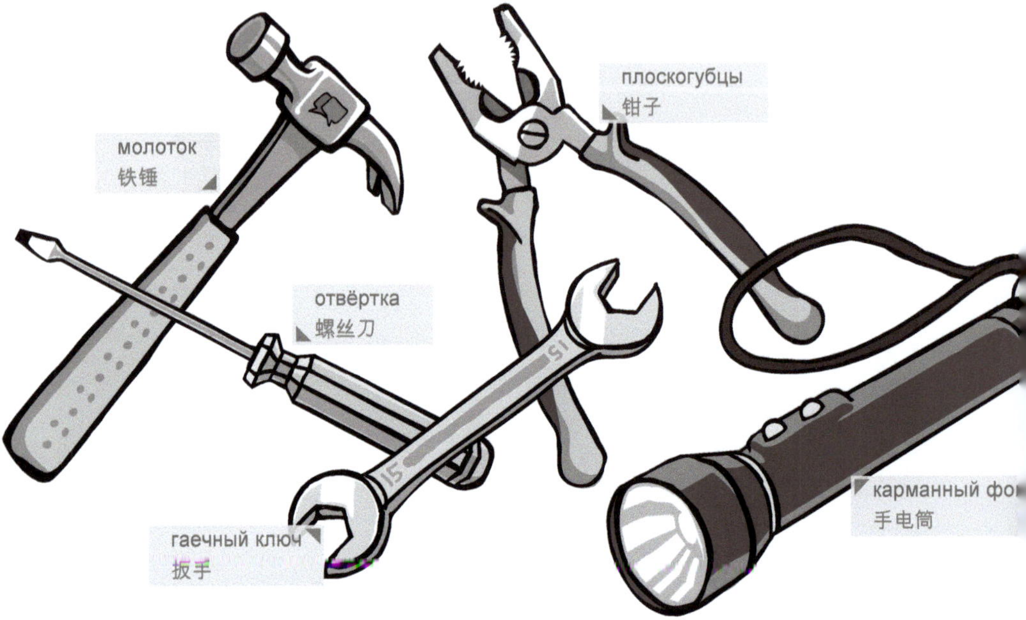

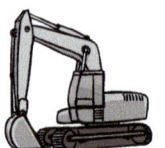

экскаватор

挖掘机

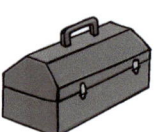

ящик для инструментов

工具箱

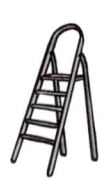

стремянка

梯子

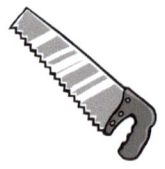

пила

锯子

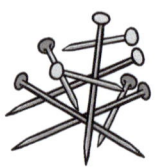

гвозди

钉子

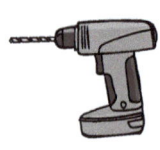

дрель

钻机

ремонтировать

修

лопата

铲子

Блин!

靠！

совок

簸箕

ведро с краской

油漆桶

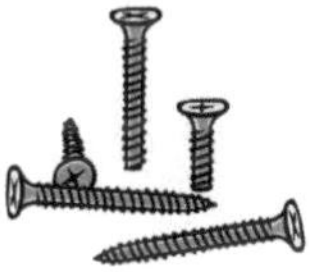

винты

螺丝

музыкальные инструменты

乐器

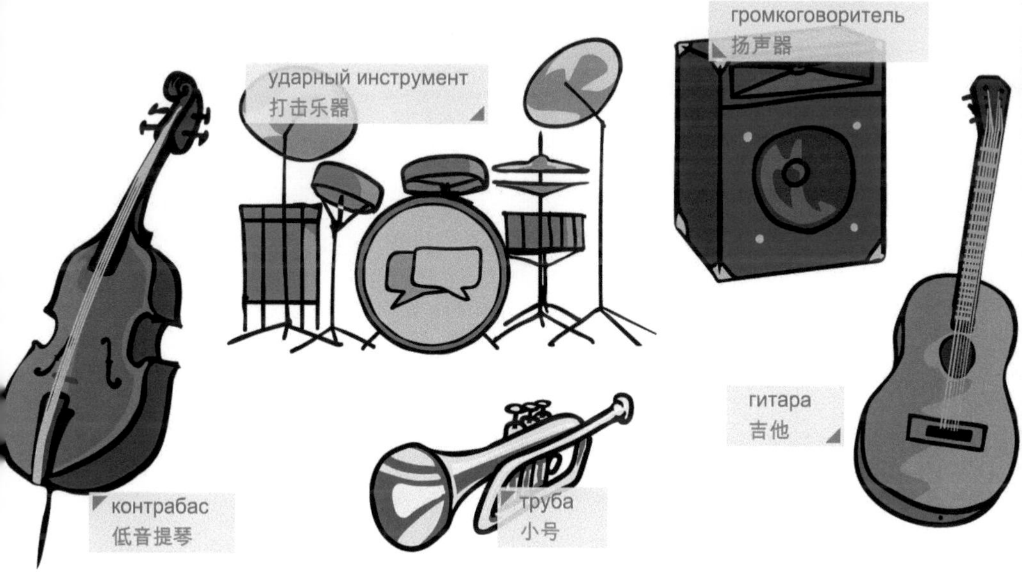

громкоговоритель
扬声器

ударный инструмент
打击乐器

гитара
吉他

контрабас
低音提琴

труба
小号

пианино

钢琴

скрипка

小提琴

бас-гитара

贝斯

литавры

定音鼓

барабан

鼓

синтезатор

电子琴

саксофон

萨克斯管

флейта

长笛

микрофон

麦克风

зоопарк
动物园

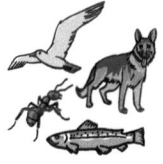

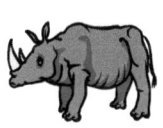

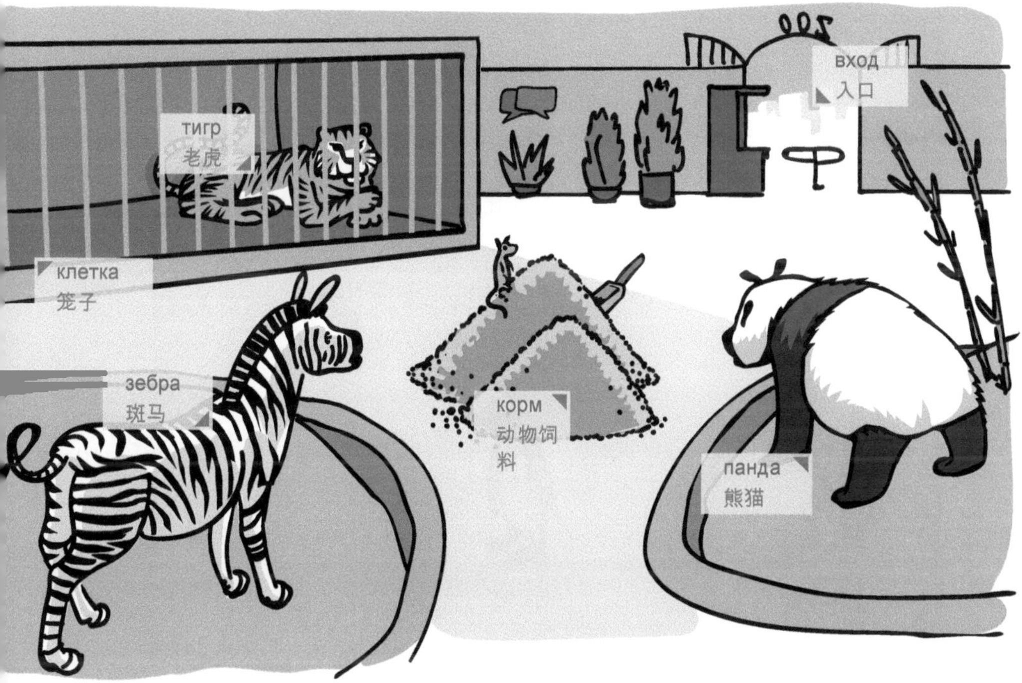
тигр
老虎
вход
入口
клетка
笼子
зебра
斑马
корм
动物饲料
панда
熊猫

животные

动物

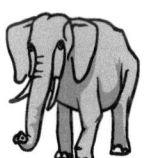

слон

大象

кенгуру

袋鼠

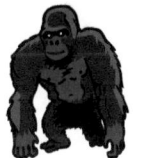

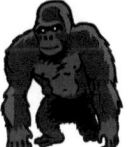

носорог

犀牛

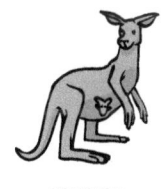

горилла

大猩猩

медведь

熊

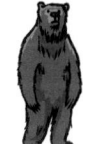

верблюд

骆驼

страус

鸵鸟

лев

狮子

обезьяна

猴子

фламинго

火烈鸟

попугай

鹦鹉

белый медведь

北极熊

пингвин

企鹅

акула

鲨鱼

павлин

孔雀

змея

蛇

крокодил

鳄鱼

служитель зоопарка

动物园管理员

тюлень

海豹

ягуар

美洲豹

пони

矮种马

леопард

豹

бегемот

河马

жираф

长颈鹿

орёл

老鹰

кабан

野猪

рыба

鱼

черепаха

龟

морж

海象

лиса

狐狸

газель

羚羊

американский футбол
橄榄球

езда на велосипеде
骑自行车

теннис
网球

баскетбол
篮球

плавание
游泳

бокс
拳击

хоккей
冰球

футбол

英式足球

бадминтон

羽毛球

лёгкая атлетика

田径

гандбол

手球

лыжный спорт

滑雪

поло

马球

действия
活动

смеяться
笑
прыгать
跳
обнимать
拥抱
идти
走路
петь
唱
мечтать
做梦
молиться
祈祷
целовать
亲吻

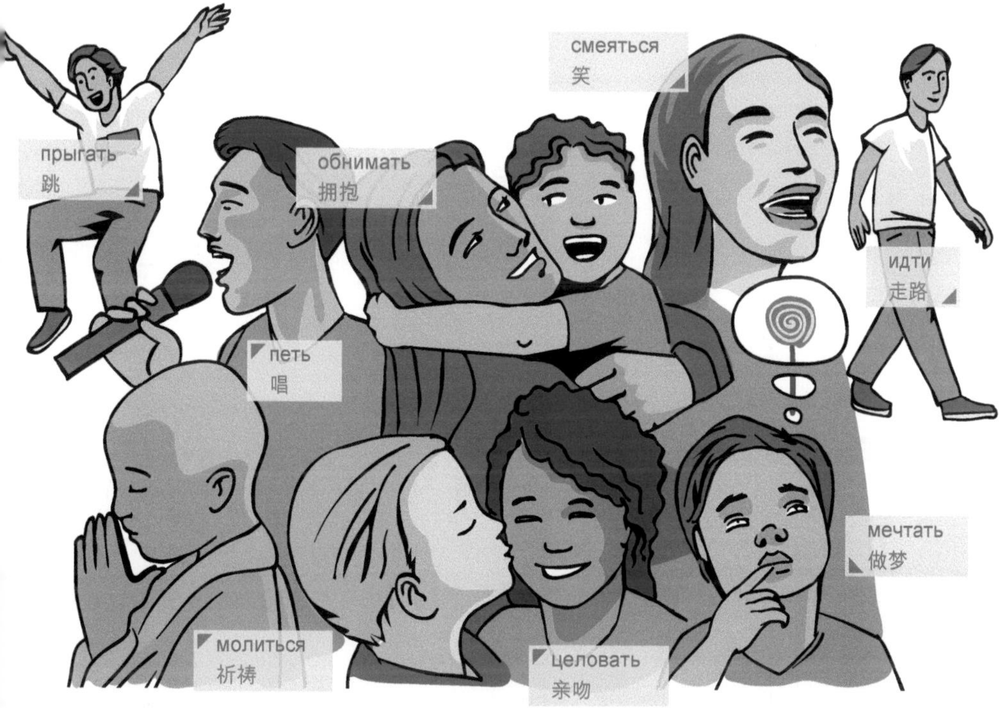

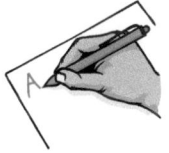

писать

书写

рисовать

画

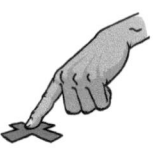

показывать

展示

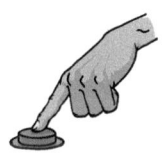

нажимать

推

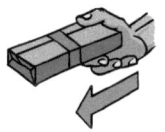

давать

给

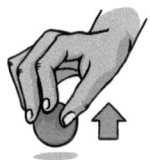

брать

拿

иметь

有

делать

做

быть

当

стоять

站

бежать

跑

тянуть

拉

бросать

扔

падать

摔倒

лежать

躺

ждать

等待

носить

携带

сидеть

坐

надевать

穿衣

спать

睡觉

просыпаться

醒来

рассматривать

看

плакать

哭

гладить

抚摸

причесывать

梳头

говорить

交谈

понимать

明白

спрашивать

问

слушать

听

пить

喝

кушать

吃

наводить порядок

清理

любить

爱

готовить

做饭

ехать

开车

летать

飞

ходить под парусом

航行

считать

计算

читать

读

учиться

学习

работать

工作

вступать в брак

结婚

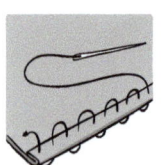

шить

缝

чистить зубы

刷牙

убивать

杀

курить

抽烟

отправлять

寄

бабушка
祖母

дедушка
祖父

папа
父亲

мама
母亲

младенец
婴童

дочь
女儿

сын
儿子

гость

客人

тетя

阿姨

дядя

叔叔

брат

兄弟

сестра

姐妹

тело

身体

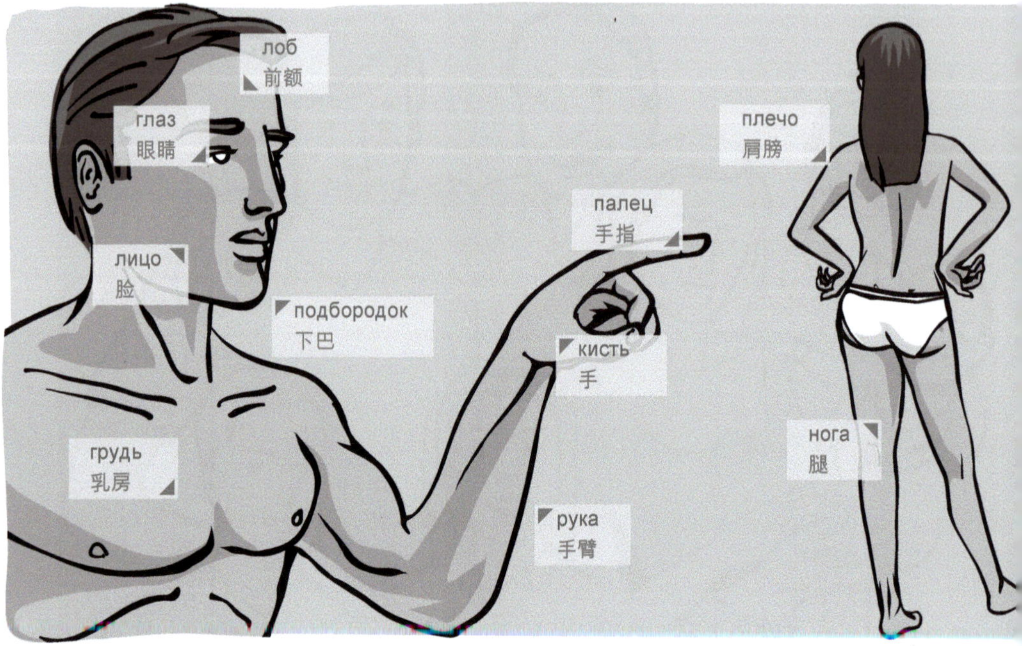

лоб
前额
глаз
眼睛
плечо
肩膀
палец
手指
лицо
脸
подбородок
下巴
кисть
手
нога
腿
грудь
乳房
рука
手臂

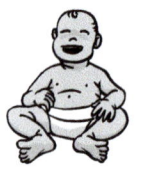

младенец

婴童

мужчина

男人

женщина

女人

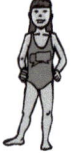

девочка

女孩

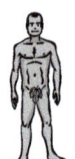

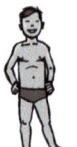

мальчик

男孩

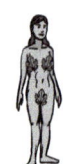

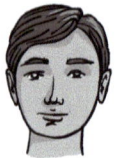

голова

头

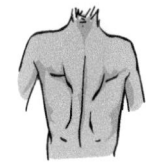

спина

背部

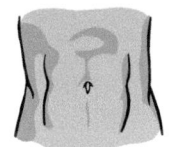

живот

肚子

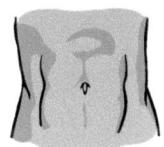

пупок

肚脐

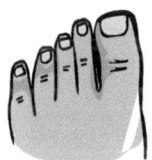

палец ноги

脚趾

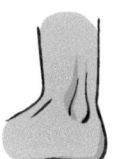

пятка

脚后跟

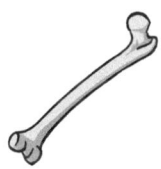

кость

骨头

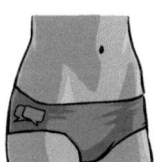

бедро

臀部

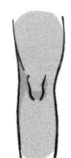

колено

膝盖

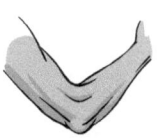

локоть

手肘

нос

鼻子

ягодицы

屁股

кожа

皮肤

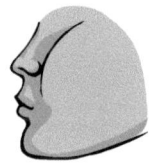

щека

脸颊

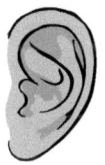

ухо

耳朵

губа

嘴唇

рот

嘴

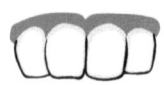

зуб

牙齿

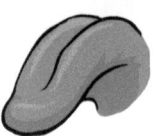

язык

舌头

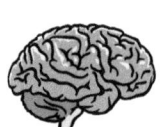

мозг

脑

сердце

心脏

мышца

肌肉

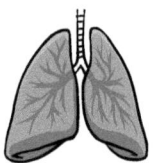

лёгкое

肺

печень

肝脏

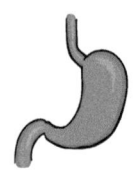

желудок

胃

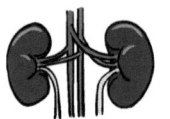

почки

肾脏

половой акт

性交

презерватив

避孕套

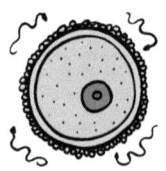

яйцеклетка

卵子

сперма

精子

беременность

怀孕

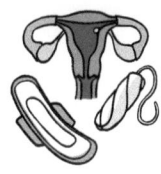

менструация

月经

вагина

阴道

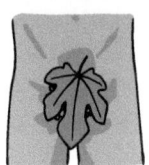

пенис

阴茎

бровь

眉毛

волосы

头发

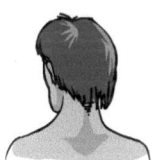

шея

脖子

больница
医院

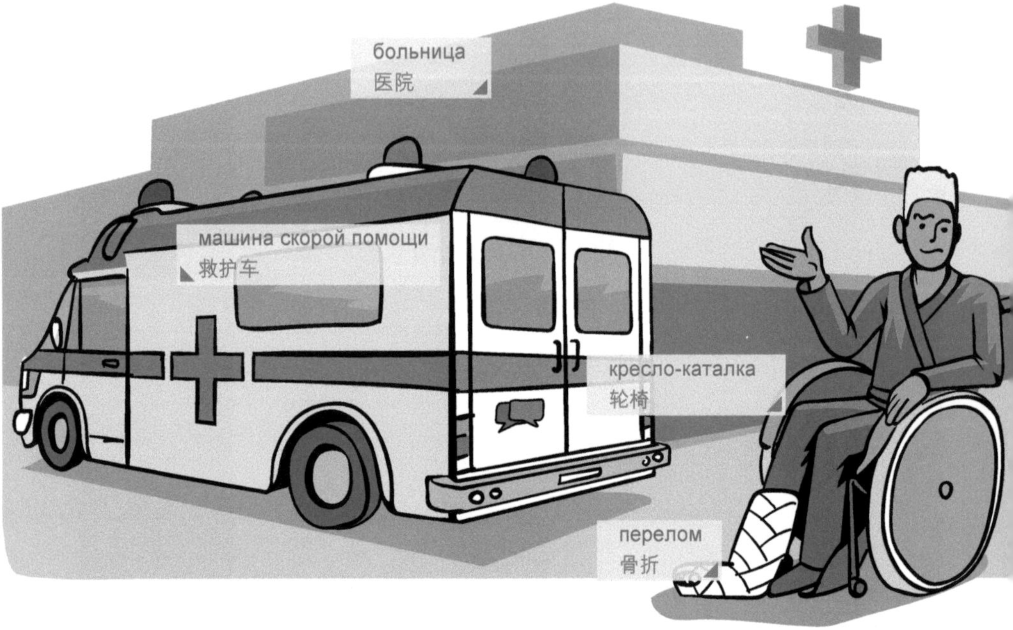

больница
医院
машина скорой помощи
救护车
кресло-каталка
轮椅
перелом
骨折

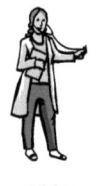

врач
医生

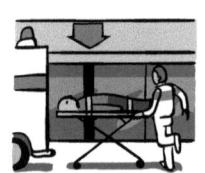

пункт первой помощи
急诊室

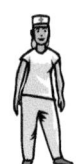

медсестра
护士

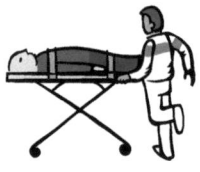

неотложный случай
紧急情况

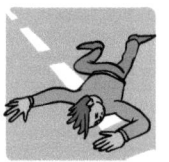

без сознания
昏迷

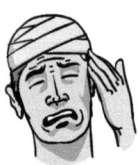

боль
痛

повреждение

受伤

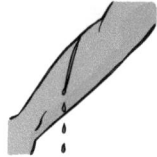

кровотечение

出血

инфаркт

心脏病发作

инсульт

中风

аллергия

过敏

кашель

咳嗽

овышенная температура

发烧

грипп

流感

понос

腹泻

головная боль

头痛

рак

癌症

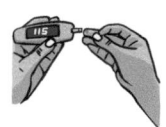

диабет

糖尿病

хирург

外科医生

скальпель

手术刀

операция

手术

КТ

CT

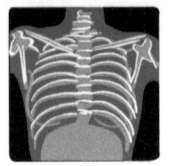

рентген

X光

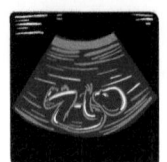

ультразвук

超声波

маска

口罩

болезнь

疾病

приёмная

候诊室

костыль

拐杖

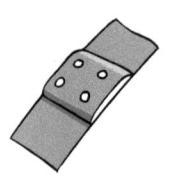

пластырь

石膏

бинт

绷带

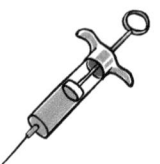

укол

注射

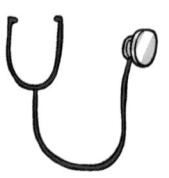

стетоскоп

听诊器

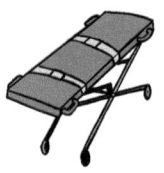

носилки

担架

термометр

体温计

рождение

出生

избыточный вес

超重

слуховой аппарат

助听器

дезинфекционное средство

消毒液

инфекция

感染

вирус

病毒

ВИЧ / СПИД

艾滋病

лекарство

药物

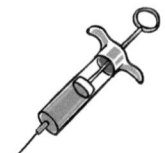

прививка

接种疫苗

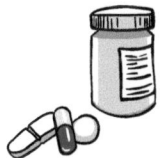

таблетки

药片

противозачаточная таблетка

药丸

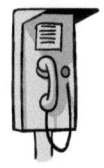

экстренный вызов

急救电话

прибор для измерения кровяного давления

血压计

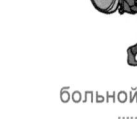

больной / здоровый

生病/健康

Помогите!

救命！

сигнал тревоги

警报

нападение

突击

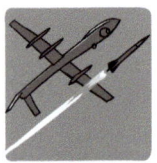

атака

攻击

опасность

危险

запасной выход

紧急出口

Пожар!

着火啦！

огнетушитель

灭火器

несчастный случай

意外

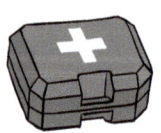

аптечка

急救箱

SOS

呼救信号

милиция

警察

Европа

欧洲

Северная Америка

北美洲

Южная Америка

南美洲

Африка

非洲

Азия

亚洲

Австралия

澳洲

Атлантический океан

大西洋

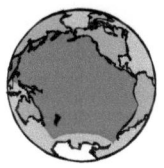

Тихий океан

太平洋

Индийский океан

印度洋

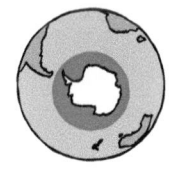

Антарктический океан

南冰洋

Северный Ледовитый океан

北冰洋

Северный полюс

北极

Южный полюс

南极

Антарктика

南极洲

земля

地球

суша

陆地

море

海

остров

岛

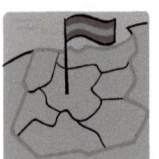

нация

国家

государство

国家

циферблат

钟面

часовая стрелка

时针

минутная стрелка

分针

секундная стрелка

秒针

Который час?

现在几点？

день

天

время

时间

сейчас

现在

электронные часы

电子表

минута

分

час

时

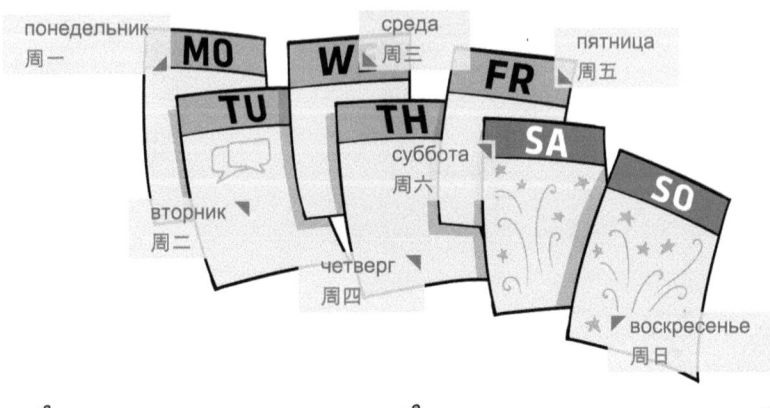

понедельник
周一

среда
周三

пятница
周五

вторник
周二

четверг
周四

суббота
周六

воскресенье
周日

вчера

昨天

сегодня

今天

завтра

明天

утро

早晨

полдень

中午

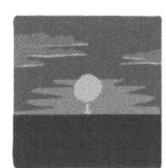

вечер

晚上

рабочие дни

工作日

выходные

周末

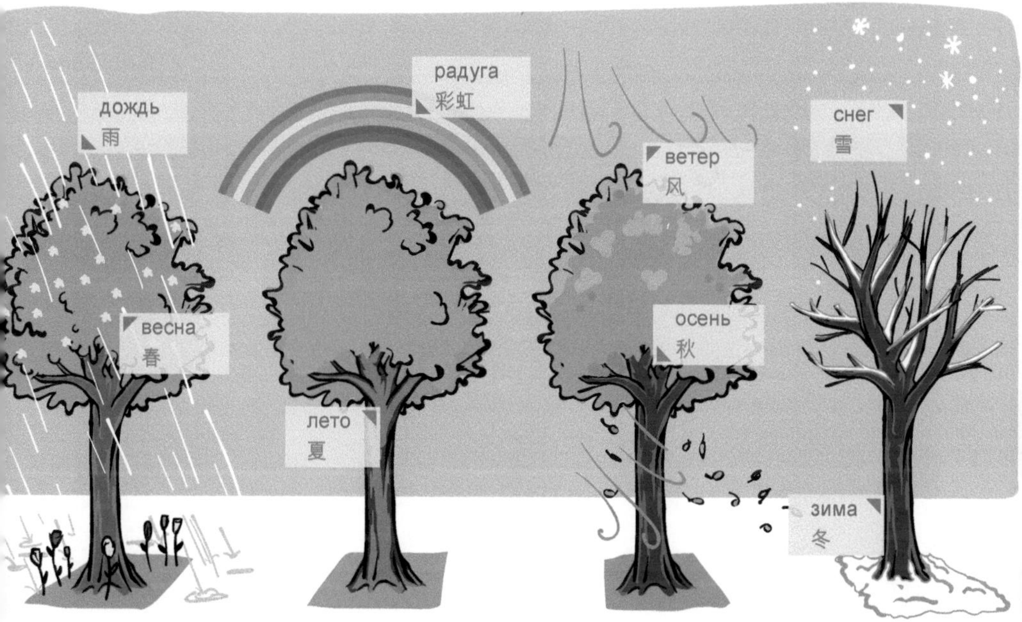

дождь
雨

радуга
彩虹

снег
雪

ветер
风

весна
春

осень
秋

лето
夏

зима
冬

прогноз погоды
....
天气预报

термометр
....
温度计

солнечный свет
....
阳光

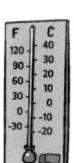

туча
....
云

туман
....
雾

влажность воздуха
....
潮湿

молния

闪电

гром

打雷

буря

风暴

град

冰雹

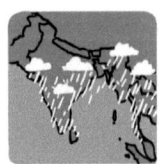

муссон

季风

наводнение

洪水

лёд

冰

январь

一月

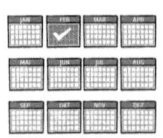

февраль

二月

март

三月

апрель

四月

май

五月

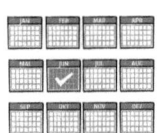

июнь

六月

июль

七月

август

八月

год - 年

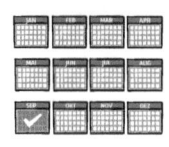

сентябрь

九月

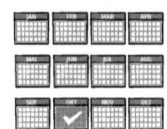

октябрь

十月

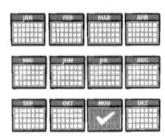

ноябрь

十一月

декабрь

十二月

формы

形状

круг

圆形

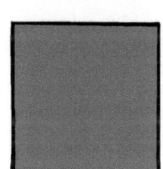

квадрат

正方形

прямоугольник

长方形

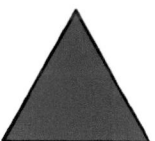

треугольник

三角形

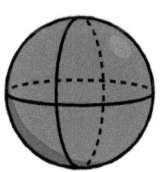

шар

球体

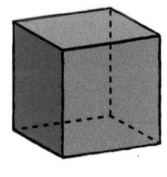

куб

立方体

белый

白

желтый

黄

оранжевый

橙

розовый

粉

красный

红

лиловый

紫

синий

蓝

зелёный

绿

коричневый

棕

серый

灰

черный

黑

много / мало

很多/少许

яростный / мирный

生气/平静

красивый / уродливый

美/丑

начало / конец

首/尾

большой / маленький

大/小

светлый / темный

明/暗

брат / сестра

兄弟/姐妹

чистый / грязный

干净/肮脏

полный / неполный

完整/缺失

день / ночь

白天/晚上

мёртвый / живой

死/生

широкий / узкий

宽/窄

съедобный / несъедобный

可食用/非食用

злой / дружелюбный

邪恶/善良

взволнованный / скучающий

兴奋/无聊

толстый / худой

胖/瘦

сначала / в конце

第一/最后

друг / враг

朋友/敌人

полный / пустой

满/空

твёрдый / мягкий

硬/软

тяжёлый / легкий

重/轻

голод / жажда

饿/渴

больной / здоровый

生病/健康

незаконный / законный

非法/合法

умный / глупый

聪明/愚笨

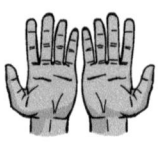

слева / справа

左/右

близко / далеко

近/远

новый / подержанный

新/旧

ничто / нечто

没有/有些

старый / молодой

老/幼

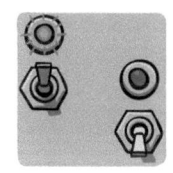

включено / выключено

开/关

открыто / закрыто

打开/合上

тихо / громко

安静/吵闹

богатый / бедный

富/穷

правильный /
неправильный
对/错

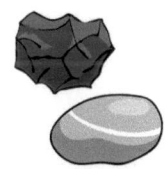

шероховатый / гладкий

粗糙/光滑

печальный / счастливый

伤心/高兴

короткий / длинный

短/长

медленный / быстрый

慢/快

мокрый / сухой

湿/干

тёплый / прохладный

温暖/凉爽

война / мир

战争/和平

0
ноль
零

1
один
一

2
два
二

3
три
三

4
четыре
四

5
пять
五

6
шесть
六

7
семь
七

8
восемь
八

9
девять
九

10
десять
十

11
одиннадцать
十一

12

двенадцать

十二

13

тринадцать

十三

14

четырнадцать

十四

15

пятнадцать

十五

16

шестнадцать

十六

17

семнадцать

十七

18

восемнадцать

十八

19

девятнадцать

十九

20

двадцать

二十

100

сто

百

1.000

тысяча

千

1.000.000

миллион

百万

английский

英语

американский английский

美式英语

мандаринский китайский

普通话

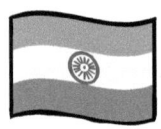

хинди

印地语

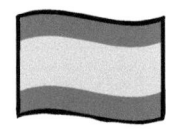

испанский

西班牙语

французский

法语

арабский

阿拉伯语

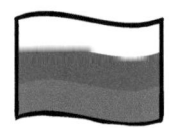

русский

俄语

португальский

葡萄牙语

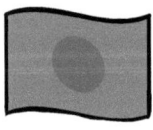

бенгальский

孟加拉语

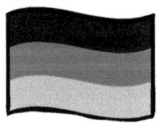

немецкий

德语

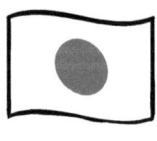

японский

日语

я

我

ты

你

он / она / оно

他/她/它

мы

我们

вы

你们

они

他们

кто?

谁？

что?

什么？

как?

怎样？

где?

哪里？

когда?

什么时候？

имя

名字

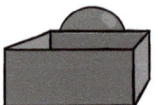

за

后面

в

里面

перед

前面

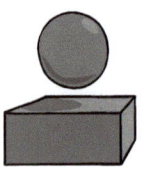

над

上方

на

上面

под

下面

рядом

旁边

между

中间

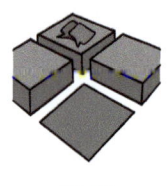

место

地点